BEI GRIN MACHT SICH IHR WISSEN BEZAHLT

AF151818

- Wir veröffentlichen Ihre Hausarbeit, Bachelor- und Masterarbeit

- Ihr eigenes eBook und Buch - weltweit in allen wichtigen Shops

- Verdienen Sie an jedem Verkauf

Jetzt bei www.GRIN.com hochladen und kostenlos publizieren

Annika Süß

Die Modewelt: Mode, Models und Kommerz

Über Schein und Sein in der Mode- und Modelindustrie

GRIN Verlag

Bibliografische Information der Deutschen Nationalbibliothek:

Die Deutsche Bibliothek verzeichnet diese Publikation in der Deutschen National-
bibliografie; detaillierte bibliografische Daten sind im Internet über http://dnb.d-
nb.de/ abrufbar.

Impressum:

Copyright © 2013 GRIN Verlag GmbH
Druck und Bindung: Books on Demand GmbH, Norderstedt Germany
ISBN: 978-3-656-68789-4

GRIN - Your knowledge has value

Der GRIN Verlag publiziert seit 1998 wissenschaftliche Arbeiten von Studenten, Hochschullehrern und anderen Akademikern als eBook und gedrucktes Buch. Die Verlagswebsite www.grin.com ist die ideale Plattform zur Veröffentlichung von Hausarbeiten, Abschlussarbeiten, wissenschaftlichen Aufsätzen, Dissertationen und Fachbüchern.

Besuchen Sie uns im Internet:

http://www.grin.com/

http://www.facebook.com/grincom

http://www.twitter.com/grin_com

Inhaltsverzeichnis

Einleitung

Das Geschäft mit Bekleidung und standardisierten Körpern, die diese präsentieren, ist in der heutigen Zeit ein gewohnter Zweig der Industrie. Mode bedeutet nicht nur sich anzuziehen, sondern sich zu zeigen, sich zu inszenieren und immer wieder neu zu erfinden. Nicht so auszusehen wie jeder andere, Individualität nicht nur im Charakter, sondern auch im äußeren Erscheinungsbild, danach streben jene, die Kleidung einen größeren Wert zumessen als der Durchschnittskonsument.

Die Modeindustrie ist geprägt von selbst erschaffenen Schönheitsidealen, die es für ihre Anhänger und Repräsentanten einzuhalten gilt, aber wo liegt hier die Grenze? Aufdiktierte Schlankheit ist nicht die einzige Fragwürdigkeit in der Modeindustrie. Die Herstellungs-methoden diverser Bekleidungskonzerne sind ebenso, wie viele Regeln nach denen sich die Models zu richten haben, moralisch nicht vertretbar. Innere Werte sind in der Modebranche nicht nur sekundär, sondern eigentlich sogar unwichtig. Für die Industrie zählt zu aller erst der Profit und nicht etwa die Gesundheit der Mädchen auf dem Laufsteg oder angemessene Bedingungen für die Arbeiter zu schaffen, etwa wie die Garantie von Gehältern, von denen die Angestellten einigermaßen gut leben können.

Hinter dem schönen Schein der Modeindustrie steht in vielerlei Hinsicht ein Ausmaß an ethischen und moralischen Missständen, bei denen es allerdings kaum einer für nötig hält, diese zu verbessern oder gar zu beseitigen. Der Traumberuf Model ist für die meisten doch recht negativ belastet, auch wenn wir nur das perfekte Endprodukt auf dem Laufsteg oder in der Werbung sehen: Immer von Kopf bis Fuß durchgestylt, lächelnd oder den „Standard-Haute-Couture-Blick" auf dem Catwalk.

Ebenso werde ich mich den Großkonzernen der Modeindustrie zuwenden, von denen wir im fertigen T-Shirt oder in der Jeans im Laden, nichts davon sehen unter welchen Bedingungen diese hergestellt worden sind.

In dieser Arbeit wird der These nachgegangen, dass die Modeindustrie eine Industrie ist, in der der Mensch an sich nicht zählt, sondern nach seiner Leistung und Aussehen beurteilt wird. Dass Models sowie die Arbeiter, die für Modeunternehmen in China für Hungerlöhne schuften, funktionieren müssen, damit die Drahtzieher möglichst hohe Einnahmen auf Kosten anderer verbuchen können. Moral, menschliche Umgangsformen, finden nur Platz, wenn sie dem Umsatz nicht im Wege stehen.

Voraussetzungen der Modewelt

Nach dem 1894 der Catwalk eingeführt wurde, begann Mitte der 1920er das professionelle modeln (Schmidt 2012, S.82f.). Die Art und Weise wie ein Model zu sein hat, unterliegt seither einem Standard, den die Modebranche, die Designer aufdiktieren. Nicht jeder kann ein Model werden, wenn er gewissen Kriterien nicht entspricht (ebd. S.84). Für die heutige Zeit gilt, dass eine Frau eine Körpergröße von mindestens 1,75m aufweisen muss. Ist sie kleiner, ist sie als Laufstegmodel nicht geeignet und auch als Fotomodel gilt sie damit als schwer vermittelbar für die Agenturen. Körpermaße, also die klassischen 90-60-90, sind mehr als nur erwünscht, sie sind absolute Voraussetzung. Weniger darf der Körper messen, jedoch ist eine Differenz von 2-3cm über dem Model-Standard-Maß ein Grund dafür, ein Model nicht zu engagieren oder ihr nahezulegen abzunehmen. So kann eine Hüfte mit einem Umfang von 93cm dazu führen, dass ein Model den angestrebten Job nicht bekommt oder von der Agentur, in der sie sich bewirbt, erst gar nicht in die Kartei aufgenommen wird. Das Diktat in der Modeindustrie ist strikt, denn Designer wollen Frauen, die jede ihrer Kreationen vorführen können, ohne dass diese erweitert werden müssten.

Die berühmte „Size-Zero" wird oft damit gerechtfertigt, dass ein Kleid auf dem Laufsteg am besten zur Geltung kommt, wenn das Model dünn ist und keine großartigen Kurven wie übermäßig Brust oder Gesäß aufweist. Eine Argumentation, die nicht ganz schlüssig ist, wenn man bedenkt, dass ein Großteil der vorgeführten Mode von Frauen präsentiert wird, damit andere normale oder normalere Frauen diese kaufen. Fraglich ist auch, ob hervorstehende Schlüsselbein- und Hüftknochen sowie Rippen eine kluge Verkaufsstrategie sind, wenn die eigentlichen Kunden keine Konfektionsgröße 32/34, sondern eher 36/38 tragen. Vor allem Modehauptstädte wie Paris oder Mailand halten an den sogenannten „Magermodels" fest und trotz des absurden Gegensatzes zwischen Model und Käufer, scheint das Paradox dennoch aufzugehen. „Je dünner du bist, desto mehr Jobs bekommst du." Ein trauriger Satz, der dazu anhält weniger zu essen oder in eine Essstörung zu geraten, um zum Beispiel auf das Cover der Zeitschrift *Vogue* zu kommen. Ein moralisches Desaster jungen Menschen vorzuleben, dass sie durch erschreckende, körperliche Zustände, mit der Gefährdung ihrer Gesundheit zu Erfolg und Geld kommen.

Aber nicht nur die Figur, die sie haben müssen, ist den Models vorgeschrieben. Schlank sein allein genügt nicht, denn schließlich will der Kunde (der Designer, der einen für die Modenschau engagiert, der Marketing-Chef für einen Werbespot, der Redakteur einer Zeitschrift für eine Fotostrecke) Ausstrahlung, Eleganz, Grazie und Professionalität sehen. Es wird eine gewisse Körperhaltung sowie ein bestimmter Gang verlangt (ebd. S.84). Eine Frau, die zwar die richtigen Körpermaße aufweist, aber sich weder richtig hinstellen noch sich den Anforderungen entsprechen bewegen kann, ist nicht nur untauglich, sondern wird von den Auftraggebern auch unverblümt, hart und teilweise auch ungerechtfertigt unverschämt kritisiert.

Magerwahn vs. Normalgewicht

Wenn selbst Modeexperten davon sprechen, dass der Magerwahn im Modelbusiness ein Ende haben muss und man vom Tod, bedingt durch Unterernährung, von mehreren Models weiß, dann ist es offensichtlich, dass in der Branche nicht nur falsche Vorbilder gezüchtet werden, sondern, dass diese Branche genauso gefährlich sein kann, wie sie begehrt ist.

Die Zeitschrift *Brigitte* mag hier mit gutem Beispiel voran gehen, da sie damit wirbt sämtliche Fotostrecken zukünftig ohne professionelle Models, sondern mit normalen Frauen zu machen, wofür man sich online bewerben kann (Vgl. Amin, Vermes 2010, S. 203). Eine schöne Idee, um ein Zeichen dahingehend zu setzen, dass Mode auch von Frauen präsentiert werden kann, die nicht Größe 34 oder weniger tragen. Die *Brigitte* ist aber nicht nur für ihre außergewöhnliche Innovation durch den Verzicht auf professionelle Models bekannt. Paradoxerweise wird bereits auf dem Cover der ersten Ausgabe mit normalen Frauen, die neue *Brigitte*-Diät angepriesen. Was denn nun? Besteht man darauf, dass man sich dafür einsetzt, dass der Magerwahn zumindest verringert wird oder steigt man ins selbe Boot und bastelt schon an der Diät für das Heft des nächsten Monats? Man macht einfach beides. Ein bisschen Jojo-Effekt hat schließlich noch keinem geschadet. Das Problem, dass sich hier darstellt ist einfach, dass sich mit dem Wunsch der Frauen perfekt auszusehen, viel Geld verdienen lässt (ebd. S. 204). Die Gesellschaft ist geprägt von Körperkult und dem Streben gesund, fit und schlank zu sein. Selbst junge Mädchen haben im Alter von zwölf Jahren meist die erste Diät schon hinter sich. Dazu kommen die Medien, die vollgestopft sind mit schlanken Moderatoren, Hollywood-Filme, die mit hassenswert schönen Menschen vermarktet werden und natürlich die Casting-Shows. Werbung und Fernsehen sind für die meisten Leute alltägliche Konfrontation. Visuelle Einflüsse, die uns signalisieren „So musst du aussehen, dann bist du schön, dann wirst du berühmt, dann kommst du zu Erfolg und Reichtum.". Innovative Ideen wie die der *Brigitte* sind zwar ein gutgemeinter Anfang, aber weisen eben auch enorme Schwächen auf und krempeln noch lange keine ganze Branche um.

Die Modeindustrie zeichnet mit ihren Konventionen und „Gesetzen" kein gesundes Bild von Körperkult und Essverhalten, ebenso wenig wie der Rest der medialen Welt. Aber Fakt ist nun mal, dass niemand dazu gezwungen ist, einem so verzerrten Bild Glauben zu schenken. Die Welt der Models und Designer spiegelt nicht das alltägliche Leben eines normalen Menschen wider, sondern stellt eine Parallelwelt dar. Das schlechte Vorbild, das ein magersüchtiges Model abgibt, geht einher mit der fragwürdigen Vorbildkonstellation der Modeschöpfer, die die Magermodels für ihre Laufstege buchen. Allerdings muss man sehen, dass weder Designer noch Model dazu verpflichtet sind ein angemessenes Beispiel für Frauen und Jugendliche zu sein. Die Entscheidung zu essen oder zu hungern liegt letzten Endes bei jedem selbst. Sicherlich kann man daran festhalten, dass Medien und Modeindustrie falsche Vorbilder schüren, vollkommen verantwortlich zu machen für den physischen Ausnahmezustand von Models und Anwärterinnen, sind sie jedoch nicht. Dem Model steht es frei sich einen anderen Beruf zu wählen. Niemand zwingt es auf den Laufsteg oder auf das Cover der nächsten *Cosmopolitain*. Und den jungen Mädchen steht es ebenso frei, dass sie sich jene Vorbilder auserwählen, die nicht durch einen Briefschlitz passen.

Dennoch ist die Moralvorstellung eines Labels, das auf extrem dünne Körper zur Präsentation auf dem Laufsteg besteht, mehr als fragwürdig. Von den Models wird verlangt, dass sich der Zustand ihrer Figur an der Grenze zur Magersucht befindet, damit sie den Job bekommt und auf der Fashion Week oder einer anderer Modenschau laufen darf. Das Zusammenspiel aus Leistungsdruck, Ehrgeiz und Anerkennung sind eine gefährliche Mischung, die eine objektive, vernünftige Entscheidung natürlich beeinflussen kann. Die Medien spielen hier eine große Rolle, wenn es darum geht Frauen und Mädchen zu suggerieren, dass Körper- und Schönheitskult quasi ein Muss ist. Während Männer sich vom Zwang nach diesem Ideal weitestgehend unbeeindruckt zeigen, werden Frauen von klein auf in diese Schiene gedrängt. Mädchen- und Frauenzeitschriften, Pornographie und Werbung repräsentiert den idealen Frauenkörper als sehr dünn, schon fast untergewichtig. Dieser visuelle Überfluss an mageren Körpern, erweckt bei vielen den Eindruck, dass diese Art von Schönheit erstrebenswert sei. Darüber hinaus wird die Hoffnung auf ein besseres Äußeres dadurch geschürt, dass Medien wie Werbung und Illustrierte Frauen, die mit ihrem Körper unzufrieden sind, mit der Behauptung ködern, dass alles schnell und einfach zu erreichen ist (Mundlos 2011, S.99f.). Konsequenz eines erreichten Schönheitsideals ist Anerkennung, sei es von Männern, die die Frau als begehrenswert wahrnehmen oder sei es von anderen, die das positive Ergebnis mit interessiertem Blick oder Komplimenten würdigen. Anerkennung und Aufmerksamkeit sind menschliche Grundbedürfnisse (ebd. S. 102), die natürlich erstrebenswert sind, da sie uns schlichtweg ein gutes Gefühl vermitteln. Ein Kompliment befriedigt das Anerkennungsbedürfnis ungemein und ist für den psychischen Zustand sozusagen ein Energieschub.

Verkaufsstrategisch ist es sicherlich ein kluge Maßnahme, dass Frauen einem künstlich skizzierten Schönheitsideal nacheifern, sich deswegen mit Kleidung, Make Up und diversen anderen Dingen ausstatten, die mit dem Versprechen werben sie schöner zu machen. Moralisch ist diese Fülle von Marketingmaßnahmen, die sich mit den Minderwertigkeitskomplexen einer ganzen Generation bereichern, nicht. Der Vorwurf geht dahin, dass die Medien, salopp gesagt, mit der Dummheit der Menschen Geld machen. Das ist vom rein menschlichen Standpunkt her betrachtet absolut nicht korrekt, allerdings kann hier nur gegen den unmoralisch gehandelt werden, der sich dem Schönheitsdiktat nicht entzieht. Der denkende Mensch bzw. die denkende Frau, müsste in unserer heutigen, aufgeklärten Gesellschaft eigentlich in der Lage sein zu erkennen, dass die neuste Herbstkollektion sie weder innerlich noch äußerlich verbessert. Sie trüge vielleicht ein 1000€ Ensemble, für das sie vorher zehn Kilogramm abgenommen hat, was an ihrem Charakter, ihrer Ausstrahlung und ihren Gesichtszügen allerdings so gut wie gar nichts bis hin zu absolut nichts verändern wird. Aber verfolgt man das Vorgehen der Modebranche und den verschiedenen Bereichen, aus denen sie sich zusammensetzt, dann werden hier Charakter und Personen an sich ohnehin nicht so „überbewertet" wie in jener Realität, die sich ferner der Laufstege befindet.

Heidi Horror Picture Show

Berufswunsch Topmodel. Durch die Welt reisen, die schönsten Haute Couture Kleider tragen, über den Pariser Laufsteg laufen, Reichtum, Ruhm, das sind jene Assoziationen, die so manche Frau im Kopf hat, wenn sie Model werden will. Ein schickes Leben in der Modewelt. Die Realität unterscheidet sich jedoch stark von dem imaginären Bild dieser Glamourtraumwelt. Pro7 betreibt seit 2006 (Prokop 2009, S.43) mit der Casting-Show *Germany's Next Topmodel* ein lukratives Geschäft mit den Karriereträumen junger Mädchen. Mittlerweile ist das Format zu einer festen Assoziation geworden, wenn es um den Einstieg in die Modelbranche geht. Knebelverträge und Sexismus werden dem Showformat vorgeworfen, in dem viele Bewerberinnen gerade 16 Jahre alt sind (Prokop 2009, S.38). Ein Alter, das ihnen nicht zum Vorteil verhilft in einer abgekarteten medialen Inszenierung. Jung, schön und schlank müssen sie sein und wenn eines der Mädchen etwas zu viel wiegt (und hier ist nicht die Rede von Hüftgold oder anderen sichtbaren Ausmaßen), sondern von einem zu viel wiegen in den Augen der Modebranche, dann ist dies ein Grund sie aus der Show zu werfen (ebd. S. 77).

In den Augen vieler Kritiker ist *Germany's Next Topmodel* eine moralische Katastrophe und die Gefährdung junger Mädchen war und ist in diesem Zusammenhang ein häufiges Diskussionsthema (ebd. S.79). Die Mädchen werden wie Puppen behandelt. Sie werden angezogen, frisiert, zurecht gemacht. Nach ein paar Folgen kommt es in jeder Staffel zum obligatorischen „Make-Over". Von Friseuren und Stylisten werden die Kandidatinnen nach den Vorstellungen der Jury verändert. Haare werden gefärbt, geschnitten und so manche erhält eine Kurzhaarfrisur. Wär diese Prozedur nicht über sich ergehen lässt, sitzt im nächsten Flugzeug nach Hause und muss den Traum vom Leben in der Modewelt aufgeben. Gerechtfertigt wird diese Zumutung mit Sätzen wie „Wir wollen für euch nur das Beste, damit ihr einen Wiedererkennungswert habt und im Modebusiness Fuß fassen könnt.". Jedoch hat bisher keine die erträumte internationale Karriere starten können. Um die Welt reist so manche ehemalige Germany's-Next-Topmodel-Kandidatin allerdings schon, wenn sie bei so anspruchsvollen Sendungsformaten wie der RTL-Produktion „Ich bin ein Star, holt mich hier raus" im australischen Dschungel sitzt.

Die Show ist weniger ein Karrierestart für junge Frauen, als vielmehr eine Geldbeschaffungs-maßnahme auf Kosten von naiven Mädchen, die bei Shootings immer wieder mit sehr wenig Stoff möglichst erotisch in die Kamera schauen müssen. Eine Zuchtfarm für Sexobjekte, was auch diverse Feministinnen so sehen. Am 12. Mai 2013 setzte die Organisation *Femen* (eine feministische Gruppe) ein Zeichen: Mit ihren entblößten Brüsten und der Aufschrift „Heidi Horror Picture Show" stürmten zwei Aktivistinnen die Bühne[1], während die Siegerin der Staffel bekannt gegeben wurde. Ein Moment, den man während der Liveübertragung nicht wirklich verfolgen konnte. Man sah nur, dass jemand offenbar mit nacktem Oberkörper die Bühne betrit und von der Security umgehend wieder entfernt wurde, die Kamera schwenkte auch sofort in eine andere Richtung. Aber Fotohandygeneration sei Dank, konnte man die erfolgreich geschossenen Bilder später im Internet bewundern.

Die Zeitungen überschlugen sich mit Berichten über diese Aktion. Mit ihren radikalen Ansichten und Protestaktionen geraten die Anhänger von Femen oft in Kritik, wobei man

---

[1] http://www.spiegel.de/kultur/tv/femen-frauen-stehlen-topmodels-die-final-show-a-902920.html

sagen muss, dass sie beim Finale zu „Heidis-Horror-Picture-Show" mit ihrem Sturm auf die Bühne und der Anprangerung dieses Showformats einfach nur Recht hatten. Es war ein Zeichen gegen die Geschäftemacherei mit Mädchen, die oft auch im minderjährigen Alter dazu angehalten werden sich lasziv und erotisch vor der Kamera zu bewegen. Denen man weismacht, dass der Lebensinhalt einer Frau darin besteht immer nur schön, gehorsam und schlank bis hin zur Unterernährung zu sein, damit man sich in der Modebranche behaupten kann.

Die Weltkonzerne

So manchem Konzern mögen Begriffe wie „Ethik" noch nie untergekommen sein. Diese Vermutung liegt zumindest nahe, wenn man sich das Profil einiger bekannter Marken anschaut. Große Unternehmen wie DKNY, zu dem auch Marken wie Fendi, Kenzo, Dior Parfums und andere zählen, sollen ihre Angestellten unter Bedingungen beschäftigen, die einem Gefängnis gleich kommen und das nicht wie man vermuten würde in Indien oder China, sondern in den USA (Werner-Lobo, Weiss 2012, S. 300f.).

Für einen Jahresumsatz von mehreren Milliarden Euro, scheinen unterbezahlte oder unmenschlich behandelte Mitarbeiter gerne in Kauf genommen zu werden. Auch das schwedische Unternehmen H&M pflegt nach Außen ein sauberes Firmenimage, die Vorwürfe sind allerdings ausbeuterische Arbeitsverhältnisse in den Zuliefererbetrieben, Kinderarbeit bei der Baumwollernte sowie die Behinderung von Gewerkschaften (ebd. S.310). H&M führt nach eigenen Angaben Kontrollen durch, allerdings sollen die Arbeiter in Kambodscha zum Beispiel gerade einmal 37€ im Monat erhalten. Dieser Betrag entspricht dem Mindestlohn in Kambodscha und ist „gesetzlich" (ebd.). Nur weil etwas gesetzlich ist, heißt es noch lange nicht, dass die Menschen davon leben können. Ein Umstand kann trotz aller Legalität weit von einer ethischen Auffassung entfernt sein. Eine Abtreibung beispielsweise ist ebenfalls legal, aber sorgt sowohl unter Betroffenen als auch bei Ärzten immer wieder für ethisch grundlegende Diskussionen.

Weitere Vorwürfe gegen H&M betreffen die Kinder, die in Usbekistan bereits ab einem Alter von sieben Jahren, zum Pflücken bei der Baumwollernte eingesetzt werden sollen. Solche Missstände werden von den Unternehmen natürlich gerne als unwahr dargestellt oder man kontert mit Behauptungen, in denen es heißt, man sei von den Zulieferern über die Arbeitsumstände nicht oder gar falsch informiert worden. Dass die Vorwürfe gegen die

Konzerne gänzlich erfunden sind ist fraglich, da der Verkauf von Kleidung und Accessoires von minderwertiger Qualität sowie die unglaublich günstigen Preise, nicht gerade für angemessen bezahlte Arbeiter sprechen *und* dann noch ein Milliarden Geschäft ermöglicht würde. Die Berichte von Arbeitern, die für die „ganz Großen" arbeiten, sind schockierend. Eine Frau, die für Nike und Adidas als Näherin gearbeitet hat, erhielt pro Tag fünf Euro, wovon sie allein 2,55€ für das Essen in der Kantine bezahlt. Das Pensum für einen Tageslohn, den man kaum für möglich hält, ist es 80 T-Shirts in der Stunde zu nähen. Was die Näherinnen nicht bewältigen können, müssen sie dann mit unbezahlten Überstunden nach arbeiten (Werner-Lobo, Weiss, S.205). Dafür, dass wir in Europa die Waren zu den niedrigsten Preisen (zum Beispiel einem Pullover für 14,95€ oder ein Trägertop für 4,95€) erwerben können, sollen die Beschäftigten unter katastrophalen Bedingungen arbeiten müssen. Selbst wenn nur ein Teil der Vorwürfe gegen die Großkonzerne der Wahrheit entspricht, so sind die Zustände immer noch moralisch nicht vertretbar.

Von den Machenschaften der Konzerne sehen wir am Ende nur den neuen Laufschuh von Nike oder Adidas für 100€, wovon eine Arbeiterin aus Thailand gerade einmal 40 Cent erhält. Oder wir sehen die neue Herbst-/Winterkollektion, die bei der Modenschau von Fendi oder Louis Vuitton über den Laufsteg getragen wird.

Fazit

Die Modeindustrie suggeriert eine Einstellung die ableitet, dass man nur etwas wert ist, wenn man Schönheit und Schlankheit in sich vereint. Von einem Modell wird nie berichtet wie intelligent sie ist, sondern nur von ihrem makellosen Gesicht, von ihren langen Beinen und der tollen Ausstrahlung auf dem Laufsteg. Der Mensch auf dem Laufsteg ist genauso wenig wert, wie der Mensch, der in Bangladesch oder wo auch immer, die Mode hierfür näht. Der Mensch der Mode vorführt ist allerdings mehr als nur eine schöne Hülle, ist mehr als ein hübscher Kleiderständer auf zwei Beinen, auf denen er sich vor lauter Untergewicht oft kaum halten kann und der Mensch, der die Kleidung für diesen Kleiderständer näht, ist mehr als nur das Stundenpensum, das er erfüllt.

Es läuft immer wieder darauf hinaus, dass die Modeindustrie moralisch fragwürdig oder moralisch schlicht und ergreifend falsch vorgeht, den Betroffenen oder jenen, die den Vorbildern dieser Branche nacheifern, aber dennoch nicht die letztendliche Entscheidung abnehmen darf. Auch wenn viele dies vergessen, aber der freidenkende Mensch ist in der

Lage sich jedem Einfluss, sei dieser gut oder schlecht, zu entziehen. Es setzt sich niemand zu einem Modell und nimmt ihr das Essen weg. Sie entscheidet selbst, ob sie hungert oder nicht. Dass nur sehr dünne Mädchen eine wirkliche Chance in diesem Business haben ist keineswegs in Ordnung, da sie sich vom Druck dieser Szene so sehr beeinflussen lassen. Aber es gibt die Aussteiger, die sich den Gesetzen nicht mehr beugen, die erkannt haben, dass ihre Gesundheit wichtiger ist, als einmal auf der Fashion Week zwei Minuten lang etwas von Dior oder Prada vorführen zu dürfen. Diese Wahl hat letzten Endes jede Frau und jedes Mädchen, was nicht heißen soll, dass ich das Vorgehen der Industrie gutheißen würde. Der Leistungsdruck und das Bedürfnis nach Anerkennung, können verheerende Folgen haben. Jedoch ist es genau dieser Drang nach Bestätigung, der durch einen magerer Modelkörper befriedigt wird, dass

Die Entscheidungsfreiheit fällt also schwer, wenn eine ganze Branche mit den tollsten Laufstegjobs und Fotoshootings das Ego belohnt. Der Wunsch nach der absoluten Anerkennung kann in diesem Fall nur noch durch einen dünnen Körper erzielt werden, denn schön sind sie bereits. Dass Designer und Agenturen sich Minderwertigkeitskomplexen bedienen, um ihre Mode zu präsentieren und damit nicht nur die jungen Frauen missbrauchen, sondern damit auch ihre Gesundheit riskieren, ist in keinster Weise vertretbar.

Wer sich nicht so frei entscheiden kann sind die Arbeiter, die für die Bekleidungskonzerne für einen Lohn arbeiten, der sie kaum überleben lässt. Sie haben nicht die Möglichkeit sich einfach einen anderen Beruf zu suchen, da sie das Geld, auch wenn es erschreckend wenig ist, dennoch brauchen. Diese beiden Berufszweige sind eigentlich nicht vergleichbar, aber doch irgendwie miteinander verknüpft. Die Arbeiterin in Kambodscha näht wohlmöglich das Kleid, das das Model präsentieren wird. Beide werden nicht als Mensch wahrgenommen, sondern als funktionierendes Zahnrad. Sie arbeiten beide für eine Industrie, in der sie nur so lange etwas wert sind, wie sie das tun, was von ihnen erwartet wird, während ihr gesundheitlicher oder psychischer Zustand für niemanden von Bedeutung ist. Ich will keinesfalls behaupten, dass es einem Model vergleichsweise erginge wie den unterbezahlten Arbeitern der Modekonzerne, sondern es geht darum zu verdeutlichen, dass in einer ganzen Industrie, von der ersten Naht bis zur Präsentation des Endprodukts, moralisch nicht vertretbare Missstände herrschen.

Literatur

Amin, Peyman: Der Modelmacher - Ungeschminkte Ansichten. Heyne, München, 2010.

König, René: Macht und Reiz der Mode. Verständnisvolle Betrachtungen eines Soziologen. Econ Verlag, Düsseldorf/Wien, 1971.*

Mundlos, Christina: Schönheit, Liebe, Körperscham - Schönheitsideale in Zeitschriften und ihre Wirkung auf Mädchen und Frauen. Tectum Verlag, Marburg, 2011.

Prokop, Ulrike; Friese, Nina; Stach, Anna (Hrsg): Geiles Leben, falscher Glamour - Beschreibungen, Analysen, Kritiken zu *Germany's Next Topmodel*. In: Kulturanalysen. Tectum Verlag, Marburg 2009.

Schmidt, Doris: Mode und Gesellschaft - 101 Grundfragen. Schneider Verlag, Hohengehren, 2012.

The Kyoto Costume Institute: Fashion - Eine Geschichte der Mode im 20. Jahrhundert. Taschen, Köln, 2012.*

Werner-Lobo, Klaus, Weiss, Hans: Das neue Schwarzbuch Markenfirmen - Die Machenschaften der Weltkonzerne. Ullstein, Wien, 2010.

*Literatur wurde im Text nicht zitiert.